心が燃える
三国志の言葉

はじめに

かつて広大な中国大陸を三分割して覇権を競った君主たちがいました。魏《ぎ》の曹《そう》操《そう》、呉《ご》の孫権《そんけん》、そして蜀《しょく》の劉備《りゅうび》です。強い魅力を放つ三人の君主のもとには、彼らと比べても遜色ないほどの才能と個性をあわせ持つ軍師や将軍たちが集結しました。魏、呉、蜀の三国とも建国から長く経たずに滅びますが、この時代の英雄たちの生きざまは熱くそして深く、後世に生きる私たちを魅了します。組織で生きるとはどういうことなのか、リーダーの役割とは何か、「三国志」から私たちが学ぶことは無限にあるのです。本書では英雄たちの言葉をわかりやすく解説しました。この一冊がきっかけとなり、三国志と英雄たちの世界に親しんでいただければ幸いです。

三国分立図……12
年表……14

第一章　自分を高める言葉

人の小なるとき了々なる者、大なれば今だ必ずしも奇ならず……18
悪小をもってこれをなすなかれ　善小なるをもってなさざるなかれ　これ賢これ徳、よく人を服す……20
人の欲は限りないもの　すでに隴を得て、蜀を望むか……22
君に仕えて、その本を忘れざるは、天下の義士なり……24
七歩吟……26
吾、おもえらく、大弟ただ武略あるのみと　今に至りて学識英博、また呉下の阿蒙にあらず……28
その上なるものを取らば、貪となさん、その下なるものを取らば偽となさん、故にその中なるを取れり……30
怒りて容を変えず、喜びて節を失わざるはもとよりこれ、もっとも難しとなす……32
自らその綬を解きてもって督郵の頸に繋ぎ、これを縛して樹に著け、鞭杖百余下、これを殺さんと欲す……34
髀裏に肉のしょうずるを見て概然として流涕す……36

丁儀は、好士なり。たといその両目盲いたりとも、なお女を与うべきに、なんぞいわんやただに眇をや …… 38
天の与うるを取らざれば、悔ゆともおもうべからず …… 40
英雄とは、胸に大志を抱き、腹中に大謀を秘め、宇宙をも包む豪気と、天地を呑吐する志を抱く者のこと …… 42
狼子野心 …… 44
登龍門 …… 46
蟷螂の斧を以て、隆車の隧を禦がんと欲す …… 48
嬰児の病をもって、その会を失う …… 50
コラム「正史三国志」とその著者、陳寿 …… 52

第二章　勝負ごとに挑むとき

苦肉の策 …… 54
治世の能臣、乱世の姦雄 …… 56
兵勢一たび交わらば、卒に解くを得ざらん …… 58
七縦七禽 …… 60

用兵の道は、心を攻むるを上とし、城を攻むると下とす …… 62
臥竜鳳雛 …… 64
これは大事なり、倉卒にすべからず …… 66
郭公が鵲の巣を奪う …… 68
遅疑して断ぜず …… 70
無能を示して、もってこれを安んずべし …… 72
みな、これを顕任に処し、その器能を尽くさしむ。有志の士、競いて勧めざるはなし …… 74
天下三分の計 …… 76
七星壇を築き風を祈る …… 78
破竹の勢い …… 80
軍事には大要五あり。よく戦わば戦うべし。戦う能わざれば守るべし。守る能わざれば走るべし。
余りの二事は、ただ降と死あるのみ …… 82
空城の計 …… 84
死せる孔明、生ける仲達を走らす …… 86

逸をもって労を待つ …… 88
コラム　民衆がこよなく愛した「三国志演義」 …… 90

第三章　組織のなかで生きるとき

諸葛孔明をして在らしむと雖も　亦た之を輔けて久しく全くする能わず　何ぞ況んや姜維をや …… 92
我、人に背くとも、人の我に背くこと許さじ …… 94
子龍は我を捨てず …… 96
その長ずるところを貴び　その短なるところを忘る …… 98
前途に梅林あり …… 100
僕、書生といえども、命を主君に受く …… 102
性度弘朗、仁にして断多く、侠を好みて士を養い　始めて名を知らるること、父兄にひとし …… 104
君が臣を選ぶのみにあらず、臣もまた君を選ぶ …… 106
語言少なく、善く人に下り、喜怒は色に表わさず …… 108
それ王業を立つる者は、用うるところ一にあらず …… 110

北は曹操にあたり、東は孫権と和す ……… 112
勲労、賞すべきには千金をも吝しまず、功なくして施しを望むには分毫も与えず ……… 114
士元は百里の才にあらざるなり ……… 116
その譚を美にせざれば、すなわち声名、慕企するに足らず　慕企するに足らざれば、善をなす者少なし ……… 118
知りていまだいわず、もって己が過ちとす ……… 120
矛をさかしまにして、柄を相手に与える ……… 122
変に応じ略を将いるは、その長ずるところにあらざるか ……… 124
武を統べて師を行るに、大信を以て本とす ……… 126
良禽は木を選ぶ ……… 128
漢室はまた興すべからず　曹操はにわかに除くべからず ……… 130
コラム 江戸時代に流行した、三国志 ……… 132

第四章　リーダーの心得

狼を除いて、虎を得る ……… 134

平らかなるを治める者は仁義を先にし、乱れるを治める者は権謀を先にす 136
三顧の礼 138
水魚の交わり 140
曹操を迎うべしというものは、この机と同じからん 142
大業をなすは、必ず人をもって本となすべし 144
もし嗣子、輔くべくんばこれを輔けよ　もしそれ不才ならば、君、自ら取るべし 146
不臣の礼 148
泣いて馬謖を斬る 150
笑語をよくし、性は闊達聴受、人を用うるに善し 152
軍を御すること三十余年、手に書を捨てず　昼はすなわち武策を講じ、夜はすなわち経伝を思う 154
他人の商度、人の意の如きは少なし 156
三軍は将をもって主となす　主衰うれば、軍、奮意なし 158
狼子、養うべからず、のち必ず害をなさん 160
天に二日なく、一国に二君なし 162

我、必ずこの羽葆蓋車に乗るべし …… 164
法を制して自らこれを犯さば何をもって下を率いん …… 166
葬おわらば、みな服を除け …… 168
そもそも天下の大勢は分かれること久しければ必ず合し、合すること久しければ必ず分かれる …… 170
コラム　滅亡の連鎖、三国時代の終わり …… 172

第五章　人物紹介

劉備 …… 174
曹操 …… 175
孫権 …… 176
関羽雲長 …… 177
諸葛孔明 …… 178
司馬懿 …… 179
孫策 …… 180

張飛益徳……181
魯粛……182
呂蒙……183
曹丕／趙雲……184
呂布／陳宮……185
董卓／黄忠……186
周瑜／袁紹……187
陸遜／龐統……188
姜維／夏侯惇……189
劉表／劉禅……190

三国分立図

後漢の末期、皇帝は酒食に溺れ、宦官《かんがん》たちの専横《せんおう》で政治は腐敗していました。農民による反乱、「黄巾《こうきん》の乱」（一八四年）を契機に、強者が弱者を呑みこむ弱肉強食の時代が始まります。最後に生き残った者は北の曹操《そうそう》、東の孫権《そんけん》、西の劉備《りゅうび》の三国でした。しかしこの三国鼎立《ていりつ》の時代も長くは続きませんでした。やがて新興勢力の西晋《せいしん》が勃興し、再び激動の乱世に突入するのです。

幽州
代
冀州
涼州
幷州
平原
雍州
魏
兗
隴西
官渡
許
五丈原
長安
洛陽
南陽
漢中
漢水
司隸州
豫州
上庸
白帝城
麦城
江夏
益
巴
南
郡
蜀
赤
壁
鄱陽沽
越
嶲
武陵
長沙
益州
荊州
牂牁
永
昌
建寧
零
陵
桂陽
呉
交州

◆都　●州都　●郡都　✸戦場

年表

西暦	年号	
一八四	中平元	黄巾《こうきん》の乱勃発。党錮《とうこ》の禁解除。
一八九	六	霊帝《れいてい》死去、少帝即位。外戚何進《かしん》、クーデタに失敗。宮中大混乱、袁紹《えんしょう》らによって宦官《かんがん》みな殺し。董卓《とうたく》の乱。少帝《しょうてい》退位、異母弟献帝《けんてい》即位。後漢王朝、実質的に滅亡。
一九一	初平二	清流派の荀彧《じゅんいく》、曹操のブレーンとなる。
一九二	三	董卓《とうたく》が殺され、群雄割拠の乱世が始まる。
一九六	建安元	曹操《そうそう》、後漢の献帝《けんてい》を根拠地の許《きょ》（河南省許昌市）に迎える。
二〇〇	五	曹操、官渡《かんと》の戦いで袁紹《えんしょう》を撃破し、華北を制覇。
二〇一	六	劉備《りゅうび》、曹操に追われ、関羽《かんう》・張飛《ちょうひ》ともども荊州《けいしゅう》（湖北省）に逃げ込む。
二〇七	一二	曹操、北中国制覇。

二〇八	一三	劉備、三顧《さんこ》の礼をもって諸葛《しょかつ》孔明《こうめい》を軍師に迎える。諸葛孔明、天下三分の計を説く。 曹操、大軍をひきいて荊州に南下。 江東《こうとう》（呉。長江下流域）の支配者孫権《そんけん》、劉備と同盟を組んで曹操と対決。二万の呉《ご》軍をひきいた周瑜《しゅうゆ》、赤壁《せきへき》の戦いで曹操の大軍を撃破。以後、荊州の領有をめぐり、孫権（周瑜）と劉備（諸葛孔明）の争い激化。
二一〇	一五	周瑜死去。
二一一	一六	劉備、蜀《しょく》（四川省）に入る。
二一四	一九	劉備、蜀を領有。
二一六	二一	曹操、魏王となる。
二一九	二四	関羽死去。
二二〇	二五	曹操死去。（黄初元年）曹操の長男曹丕《そうひ》、魏《ぎ》王朝を立て即位（文帝）。
二二一	黄初二	劉備即位。蜀王朝成立。張飛死去。劉備、呉に出撃。

年表

二二三	四	劉備死去。劉禅《りゅうぜん》即位。
二二六	七	魏の文帝《ぶんてい》死去。明帝《めいてい》即位。
二二七	太和元	諸葛孔明、漢中へ進軍。
二二八	二	諸葛孔明、第一次北伐《ほくばつ》。第二次北伐。
二二九	三	孫権即位。呉王朝成立。
二三四	青龍二	諸葛孔明、五丈原《ごじょうげん》で死去。
二三九	景初三	魏の明帝死去。
二四九	嘉平元	司馬懿《しばい》、クーデタをおこし、魏の実権を掌握。
二五一	三	司馬懿死去。
二五二	四	孫権死去。
二六三	景元四	蜀滅亡。
二六五	泰始元	司馬懿の孫司馬炎《しばえん》、即位（魏滅亡、西晋《せいしん》王朝成立）。
二八〇	太康元	呉滅亡。西晋、中国全土統一。

第一章　自分を高める言葉

人《ひと》の小《しょう》なるとき了々《りょうりょう》なる者《もの》、大《だい》なれば今《いま》だ必《かなら》ずしも奇《き》ならず

三国時代、かの孔子の子孫である孔《こう》融《りゅう》という人がいました。彼の少年時代、賢くて生まれも高貴な彼に嫉妬した大人が毒のある言葉を吐きました。「幼い

ころに優秀な子というのは、大人になればただの人になっているもんさ」少年孔融は笑って言い返したのです。「するとあなたの子供時代はさぞかし優秀だったんでしょうね。」目下だから子供だからと相手を軽んじてはいけません。弱く見える者たちほど内側に驚くべき鋭さを秘めているものです。

善行をつみ重ねることの偉大さ

悪小《あくしょう》をもってこれをなすなかれ
善小《ぜんしょう》なるをもってなさざるなかれ
これ賢《けん》これ徳《とく》、よく人《ひと》を服《ふく》す

劉備《りゅうび》がその最晩年に息子たちに遺した言葉です。小さなことだからと悪を成してはいけない、小さな善行は軽視せずに積み重ねなさい。君主が正しく治めてこそ民衆は従うのだ。劉備は苦労を知らない息子たちが蜀《しょく》の良きリーダーになれるかどうか気にしていました。初代が安定した国と遺産を残しても、それを受け継ぐ二代目、三代目が道を誤れば、国も組織もたちまち崩壊してしまうことを彼はよく分かっていたのです。

人《ひと》の欲《よく》は限《かぎ》りないもの すでに隴《ろう》を得《え》て、蜀《しょく》を望《のぞ》むか

曹操《そうそう》が隴西《ろうせい》（漢中）の張魯《ちょうろ》軍を攻め、攻略に成功したとき、勢いに乗ってさらに蜀まで進攻することを部下の司馬懿《しばい》は強く薦めます。しかし曹操は気乗りせず、この言葉をつぶやきました。「人間の欲とは限りないものだな、すでに隴を手にしたのに、まだ蜀まで欲しがるのか」そしてそれ以上の進軍を止めさせたのです。成果を手にし

たとき、その力を借りてさらに突き進むのではなく一度立ち止まってみる。大きな成功を収めるためには、そんな思慮深さも必要です。

君《きみ》に仕《つか》えて、その本《もと》を忘《わす》れざるは、天下《てんか》の義士《ぎし》なり

汝南《じょなん》で劉備《りゅうび》を破って関羽《かんう》を捕らえた時、曹操《そうそう》はぜひとも自分の配下に加えたいと大変な厚遇でもてなします。しかし関羽は、「私は劉備と共に生きるの

です」と、どれほどの歓待を受けても魏《ぎ》に仕える意思がないことを伝えたのです。その一途さに「ここまで君主への忠誠心を忘れないのは、さすが天下の義士と言われる関羽だ」そう曹操は感嘆しました。激動の時代だからこそ一本筋を通すという生きざまは人々の感動を呼び起こすのです。

七歩吟《しちほのぎん》

曹操《そうそう》の死後に魏《ぎ》を継いだ曹丕《そうひ》は、父に寵愛された実弟の曹植《そうしょく》を、事あるごとに迫害しました。ある時、七歩歩くあいだに一篇の詩を詠めと曹植に命じたのです。曹植は即興で「豆殻を燃やして豆を煮ると、豆は釜のなかであたかも泣いているようだ。もとは同じ根から生じたのに、なぜこんなにも激しくお互いを傷つけあうのか」そう淡々と詠んだのです。曹丕は言葉もなく絶句して弟の詩を聞いたといいます。孤独と競争、それは偉大な親を持った子供たちの宿命なのかもしれません。

吾《われ》、おもえらく、大弟《たいてい》ただ武略あるのみと
今に至りて学識英博、また呉下《ごか》の阿蒙《あもう》にあらず

無敵の強さを誇った呉の呂蒙《りょもう》は、学問には興味がありませんでした。主君・孫権《そんけん》は呂蒙の無学を心配し、もっと学ぶようにと命じます。すると呂蒙は心

機一転、猛烈な勢いで学習を始めたのです。ある日久しぶりに呂蒙と話しをした魯粛《ろしゅく》は、呂蒙の豊かな学識に舌を巻き、思わず感嘆の声をあげました。「いやはや、もはや武力だけの呂蒙君じゃないんだな」自分の専門性に固執せず、新しい世界にも挑む、そんな勇気がさらなる評価につながるのです。

その上なるものを取らば、貪《たん》となさん、
その下なるものを取らば偽《ぎ》となさん、
故にその中なるを取れり

曹操《そうそう》の正妻である卞皇后《べんこうごう》は、派手な生活を好まず、生涯、地道な生き方を貫きました。ある日、曹操が上中下三

種の髪飾りを見せ、どれか一つを選ぶよう彼女に伝えたところ、最上品を選ぶのは欲深で、一番下等の品を受け取れば卑屈になりすぎ、中くらいの品が一番ありがたいと中等の一品を選びました。成功すると驕慢《きょうまん》になり生活も派手になる人がいますが、それは愚かなこと。成功者だからこそ、より手堅く生きるべきなのです。

怒りて容《かたち》を変えず、喜びて節を失わざるは もとよりこれ、もっとも難しとなす

卞皇后《べんこうごう》が生んだ曹丕《そうひ》が後継者に選ばれたときのこと、家臣たちからの称賛の嵐が彼女を包みました。しかし彼女は「年長だから選ばれたのでしょう」

と淡々と受けとめ態度を変えませんでした。そんな彼女のありようを見た曹《そう》操《そう》は、「あいつは腹が立っても怒りをむき出しにせず、人生最良の日すら平然としているな、並みの人間にできることじゃない」そう感嘆したといいます。曹操も豪傑でしたが、その妻も相当な器の人物だったのです。

自らその綬《じゅ》を解きてもって督郵《とくゆう》の頸《くび》に繋ぎ、これを縛《ばく》して樹に著《つ》け、鞭杖百余下《べんじょうひゃくよか》、これを殺さんと欲す

劉備《りゅうび》の若かりし頃、彼を見下して会おうともしなかった町の役人に激怒し、宿舎を夜に襲撃してその役人を木に縛りつけ、ムチ打って殺そうとしたという話しが残っています。蜀《しょく》の主になってからの、あの人徳にあふれた劉備の姿からは想像もつかない荒っぽさですが、これも同じ人間の一面。聖人君子のような歴史上の人物も、若いこ

ろからずっとそうであったわけではないのです。不遇の時代、試練の時を乗り越えて、
人は英雄になっていくのです。

髀裏《ひり》に肉の生ずるを見て概然《がいぜん》として流涕《りゅうてい》す

挙兵して十年も経つのに、いまだ一国の主となれず荊州《けいしゅう》の劉表《りゅうひょう》のもとに身を寄せていた劉備は、ある日、肥えて太腿《ふともも》に肉がついていることに気づき愕《がく》然《ぜん》とします。馬にまたがり第一線の戦場を駆け巡っていれば内腿に肉などつかないからです。自身の境遇と情けなさに涙した劉備は、己のありようを変える決意をします。劉備が三顧《さんこ》の礼《れい》をもって軍師・諸葛孔明《しょかつこうめい》を迎えたのは、まさにこの頃。変化は待っていてもやってきません。自ら動かなければ何も始まらないのです。

丁儀《ていぎ》は、好士《こうし》なり。たといその両目盲《めし》いたりとも、なお女を与うべきに、なんぞいわんやただに眇《すがめ》をや。

丁儀《ていぎ》という人物の評判を耳にした曹《そう》操《そう》は、娘の結婚相手にどうか、と長男の曹丕《そうひ》に相談します。しかし曹丕は「彼は斜視です。顔つきがよくないので妹

が可哀そうですよ」と反対。ひとまず納得した曹操でしたが、その後、実際に掾《えん》という役についていた丁儀に会うと、その人柄の良さと高い知性に驚き、息子に伝えました。「曹丕よ、丁掾《ていえん》は素晴らしい男だったぞ、例え盲目であっても私は娘を嫁にやるべきだった」優れた人物を見抜けない我が子、曹丕への苛立ちを思わず口に出したのです。

天の与うるを取らざれば、悔《く》ゆともおもうべからず

徐州《じょしゅう》の長官である陶謙《とうけん》は、三十も年下の劉備を大変気に入り、臨終の時には実子ではなく劉備に後継者へ渡す印綬《いんじゅ》を手渡そうとしました。さすがの劉備もこれには驚き、腰が引けてしまいます。

その時、部下たちが劉備に投げかけたのがこの言葉「天があなたに与えた絶好の機会、後悔しないようつかみ取りなさい」でした。

領土を奪い合う戦乱の世に、領主の心を深くつかんだゆえ、劉備は一戦も交えることなく徐州を手にしたのです。

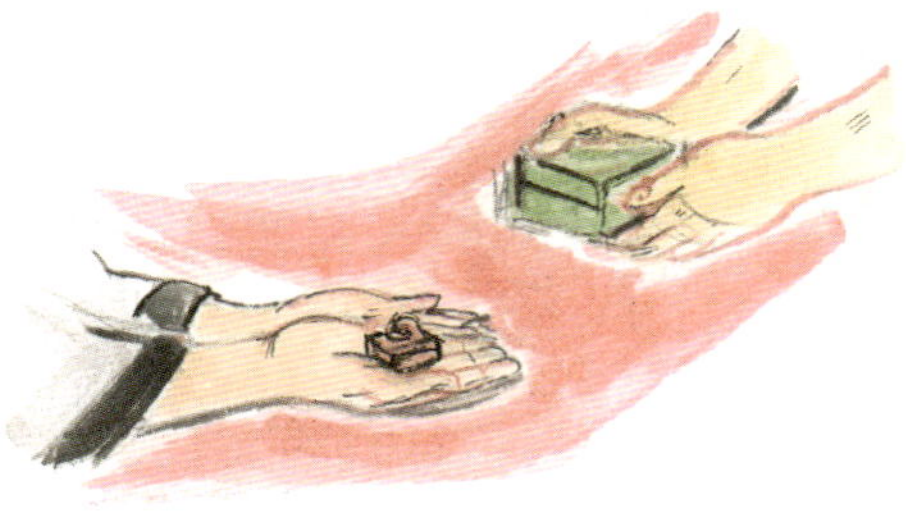

英雄《えいゆう》とは、胸《むね》に大志《たいし》を抱《いだ》き、腹中《ふくちゅう》に大謀《たいぼう》を秘《ひ》め、宇宙《うちゅう》をも包《つつ》む豪気《ごうき》と、天地《てんち》を呑吐《どんと》する志《こころざし》を抱《いだ》く者《もの》のこと

曹操《そうそう》を暗殺すべく計画を進めていた劉備《りゅうび》のもとに、ある日曹操その人から酒席への招待が届きます。笑顔をつくって会いにいくと、曹操は劉備を見つめ

「英雄とは」と持論を語り出したのです。「英雄とは大志を抱き、胸に謀をめぐらし、宇宙も天地をも呑み込むような気迫のある者」つまりあなたと私だよ、と劉備を指さして曹操は笑ったのです。暗殺計画を秘めた劉備を見透かすような曹操の眼差しに、思わず劉備は持っていた箸を取り落とすのでした。

狼子野心《ろうしやしん》

仕える君主を次々と変えて乱世を渡ってきた呂布《りょふ》という武将がいました。ある戦いで曹操《そうそう》に捕われると、呂布は堂々と自分の才能を語り、自分を使いこなして天下を取れと曹操に働きかけます。

しかしその言葉を聞いていた曹操は「狼の子は結局狼だ、生まれつきのこの性格を変えることは出来ないな」とあっけなく呂布を処刑してしまいます。

乱世とはいえ、主人を次々に変えるような生き方をすれば、いかに力強く魅力的でも君主の信用を得ることは難しいのです。

登龍門《とうりゅうもん》

後漢の時代に、李膺《りよう》という政治家がいました。彼は清廉《せいれん》で正しい政治を行ったので人気があり、学生や新進の官僚たちは李膺の推挙《すいきょ》を受けることを熱望したのです。彼の推挙はやがて、登竜門と呼ばれるようになります。

龍門とは黄河にある地名であり、その急流は大きな魚でも登ることが難しく、無事に登り切った魚は龍になるという言い伝えがありました。

登竜門という言葉は今に伝えられ、難関を突破し栄誉を得るチャンスを指すようになったのです。

蟷螂《とうろう》の斧《おの》を以《もっ》て、隆車《りゅうしゃ》の隧《すい》を禦《ふ》がんと欲《ほっ》す

小さな者が大きな敵に挑むことを蟷螂の斧といいます。蟷螂とは昆虫のカマキリのこと。この言葉は古く「荘《そう》子《し》」に登場しますが、三国志では陳琳《ちんりん》という名文家が、袁紹《えんしょう》に立ち向かった

若き日の曹操《そうそう》を「一匹のカマキリが巨大な車に攻撃を仕かけているぞ」と嘲笑したのです。しかしその後、官渡《かんと》の戦いで十万の大軍を率いた袁紹は、わずか一万弱の曹操軍に惨敗します。蟷螂の斧に見えた曹操軍は精鋭部隊であり、油断した袁紹たちはあっけなく切り裂かれたのです。

嬰児《えいじ》の病《やまい》をもって、その会《かい》を失《うしな》う

袁紹《えんしょう》の側近であった田豊《でんほう》は、曹操《そうそう》打倒の絶好のチャンスを察知し、奇襲攻撃を提案します。しかし当時の袁紹は最愛の我が子の病気ゆえ、攻撃に乗り気ではありませんでした。

千載一遇の機会を失った君主に対し、田豊は絶望してこの言葉を吐くのです。「子供の病気ゆえに、主は人生に幾度もない機会を失った」人生、何を重視するかは人それぞれです。

しかしこの時代に袁紹軍が瞬く間に曹操に敗北していった理由の一端はここにも見えるのです。

コラム

「正史《せいし》三国志」とその著者、陳寿《ちんじゅ》

21世紀を生きる私たちの前には、2冊の三国志があります。「正史三国志」と「三国志演義《えんぎ》」です。この2つの三国志の違いを一言で言えば、「正史三国志」は史実に基づいた歴史書であり「三国志演義」は史実を脚色したフィクションです。原点といえる「正史三国志」は、西晋《せいしん》に仕えた陳寿によって書かれました。つまり曹操《そうそう》や孫権《そんけん》、劉備《りゅうび》たちの生きた時代から半世紀も経たないうちに執筆されたものです。陳寿はそれまでの史書とは異なり、勝者の側に立った視点ではなく『魏書《ぎしょ》』『呉書《ごしょ》』『蜀書《しょくしょ》』と三国を独立した書としてバランス良く描くよう努めました。また疑わしい言い伝えや伝説の類は注意深く避け、なるべく確かな情報のみを記したのです。そのため「正史三国志」は極めて簡潔な文体となりました。陳寿のこうした執筆姿勢によって、はるか二千年の後に生きる私たちも、三国時代の英雄たちの本来の姿やその道程を知ることができ、そこに多様な新解釈を加えることが可能になったのです。

第二章　勝負ごとに挑むとき

苦肉《くにく》の策《さく》

赤壁《せきへき》の戦いの最中、「お前のような若造に戦いは分からん」と馬鹿にされた若き周《しゅう》瑜《ゆ》が、怒りのあまり大先輩である黄蓋《こうがい》を百棒の刑に処したという噂が流れました。やがて血だらけで曹操《そうそう》軍に投降してきた黄蓋を、曹操は深い同情で受け入れます。

しかしその晩、曹操の船団は黄蓋による放火で全焼し、曹操はこれが周瑜と黄蓋の大芝居だったことに気づくのです。

一身を犠牲にして勝利をつかんだ黄蓋の策を人々は「苦肉の策」と呼びました。命がけで挑んだからこそ大きい成果を得ることもあるのです。

治世《ちせい》の能臣《のうしん》、乱世《らんせい》の姦雄《かんゆう》

ある日曹操《そうそう》は、人物鑑定家として名高い許劭《きょしょう》という人物に会いに行き、自分をどう評価するかを尋ねました。重い口を開いた許劭は、「あなたは平和な世では有能な臣下となるでしょう、乱世では平然と悪をなし成功するでしょう」と断じました。

その予言通り、のちに天下が乱れると曹操はぐんぐんと頭角を現し、魏《ぎ》という大国を築き上げます。

成功者の評価はいつも賛否両論。乱世の姦雄と言われた男だからこそ、短い間にあれほどの強国を創り上げたのです。

兵勢《へいせい》一《ひと》たび交《まじ》わらば、卒《にわか》に解《と》くを得《え》ざらん

関羽《かんう》を呉の孫権《そうけん》に討ち取られたことを知った劉備《りゅうび》は、激怒し我を失い、復讐すべく呉《ご》との戦いを企てます。しかしそれはあまりにも無謀な復讐戦。趙《ちょう》雲《うん》は戦に向かう劉備を止めようと、「一

度大きな戦になれば、誰にも戦を止められません」と損害の大きさを説きますが、劉備は聞き入れず、趙雲を解任して関羽の弔い合戦に挑みます。結果は惨敗、蜀《しょく》は多くの兵と領土を失うことになるのです。リーダーが一時の感情で暴走すれば、自らの組織から多大な損失を出すことになるのです。

七縦七禽《しちしょうしちきん》

諸葛孔明《しょかつこうめい》が蜀《しょく》の丞相《じょうしょう》であったころ、南方には少数民族が住んでいました。首領は孟獲《もうかく》といい、自分の国が蜀に呑まれることに激しく抵抗していました。孔明はこの孟獲を捕えること七回、そ

して殺さずに解放すること七回を繰り返し、南方の異民族が闘争心を失うときを忍耐強く待ちました。ついに七回目の解放の後は、孟獲も部下たちも戦闘意欲を失い、大人しく従ったといいます。首領を捕えて殺せば、さらなる憎しみを生むだけ。待つという戦略が勝利を導くこともあるのです。

用兵《ようへい》の道《みち》は、心《こころ》を攻《せ》むるを上《じょう》とし、城《しろ》を攻《せ》むると下《げ》とす

南方の孟獲《もうかく》との戦いにおいて、諸葛孔明《しょかつこうめい》は愛弟子の馬謖《ばしょく》にその攻め方を問いました。馬謖は、「戦いは相手の心を捕えることが最上であり、皆殺しにしたり国を焼き払ったりするのは下策です」と進言します。その言葉通り、孔明は敵の首領・孟獲を七度捕えては七度解放し、孟獲たちが降参した後は地域の自治を彼に任せ、細かく干渉す

ることはありませんでした。安定した統治を実現するためには、相手の心を治めるのが上策なのです。

臥竜鳳雛《がりょうほうすう》

臥竜とは池の奥深くに棲む竜であり、鳳雛とは鳳凰《ほうおう》の雛のことです。荊州《けいしゅう》の人物鑑定家・司馬徽《しばき》は、やがて活躍するだろう人材として諸葛孔明《しょかつこうめい》と龐統《ほうとう》の名を挙げました。

そして劉備《りゅうび》は、彼ならではの人当りの良さで、この二人を部下にすることに成功しました。

曹操《そうそう》のように脅しや誘拐も含めて優秀な人材を次々とハンティングするのではな

く、謙虚に相手に頭を下げ、その人材を生涯にわたって大切に用いる。劉備のそんな気質が孔明たちを深く魅了したのです。

これは大事《だいじ》なり、倉卒《そうそつ》にすべからず

諸葛孔明《しょかつこうめい》に知恵を授けられた劉備《りゅうび》は、益州《えきしゅう》の劉璋《りゅうしょう》を追い出して蜀《しょく》を乗っ取りますが、そのやりかたは実に計画的でした。劉備は初め、漢中の張魯《ちょうろ》の侵入から劉璋を守るという名目で蜀に入り

こみます。劉備の家臣たちは劉璋をさっさと殺して蜀を奪うことを提案しますが、劉備は「軽率なことは慎め」とその提案を退けました。彼は、劉璋から領民や家臣たちの心が離れるのをじっと待ち、少しずつ劉璋を追いつめて降伏に追いこみ、やがて蜀を手にいれるのです。

郭公《かっこう》が鵲《かささぎ》の巣《す》を奪《うば》う

郭公は、鵲が巣をつくるとその巣に自分の卵を産みつけます。やがて生まれた大柄な郭公の子は、何も知らない鵲の母に養育されて育ち、小さな鵲の子らをすべて殺して自分一人が生き残るのです。曹操《そうそう》に敗れた袁紹《えんしょう》の子、袁熙《えんき》と袁尚《えんしょう》は公孫康《こうそんこう》のもとに逃げ込みますが、公孫康の家臣たちはこの郭公の話しを語り、袁紹の２人の子供を助ければ、やがて我らの領土は奪われるに違いないと説得します。

公孫康はその話を受けて二人を斬殺し、首級《しゅうきゅう》を曹操へと送るのです。

遅《ち》疑《ぎ》して断《だん》ぜず

官渡《かんと》の戦いの時、曹操《そうそう》と袁紹《えんしょう》のどちらに味方すべきかは地方豪族たちにとって一大事でした。荊州《けいしゅう》一帯の支配者であった劉表《りゅうひょう》の部下である韓嵩《かんすう》は、曹操の力を見て取り、曹操につくことを主君へ薦めます。「ぐずぐずしてこの好機を逃せば、どちらが勝っても我ら荊州には不利になります」必死にそう説きますが劉表は煮え切らず。韓嵩の予言通り、袁紹を破った曹操は荊州へ侵攻し、劉表の子の劉璋《りゅうしょう》の時代に、荊州は曹操軍に制圧されるのです。

無能《むのう》を示《しめ》して、もってこれを安《やす》んずべし

魏《ぎ》の司馬懿《しばい》（字《あざな》は仲達《ちゅうたつ》）が、遼東《りょうとう》一体の支配者・公孫淵《こうそうえん》との戦いに挑んだ時のこと。なぜかゆったり司馬懿が構えていることを疑問に感じた部下がわけを尋ねると、「老齢でボケたふりをしているだけだ、仲達も耄碌《もうろく》したなと公孫淵なら油断するだろう」と司馬懿は笑って答えたのです。

彼は敵に向かう時、自分の面子や体裁など一切気にせず、敵の性質と弱みを研究し

尽くして挑みました。この徹底したリアリズムが三国時代に終止符を打ち、司馬氏による西晋国を打ち立てるのです。

みな、これを顕任《けんにん》に処《しょ》し、その器能《きのう》を尽《つ》くさしむ。有志《ゆうし》の士《し》、競《きそ》いて勧《つと》めざるはなし

劉備《りゅうび》たちが蜀《しょく》に乗りこみ、その地の支配者、劉璋《りゅうしょう》を追い出して新たな支配者となったときのこと。劉璋のもとで長く働いていた部下たちは、劉備が自分たちをどう扱うのか戦々恐々としていました。古い政権についていた者たちは排除されるのが乱世の常だったからです。

しかし劉備は違いました。迫害どころか彼らの力を積極的に用いて新体制を築いたのです。この穏やかな人事によって蜀の者たちは安心し、むしろ競って劉備のもとで腕を磨いたのです。

天下三分《てんかさんぶん》の計《けい》

諸葛孔明《しょかつこうめい》が思い描いた、中国大陸を三分割し三人の君主が治めるという政治構想のことです。当時は曹操《そうそう》と孫権《そんけん》が北と南東を占領しており、その中間の益州《えきしゅう》と荊州《けいしゅう》が手つかずになっていました。孔明は劉備をその地、蜀《しょく》の君主に据えます。孔明は劉備をその地、蜀の君主に据えます。孔明の目標は、やがて孫権と同盟を結んで北の曹操を倒し、劉備による漢王室の復興を目指すというものでしたが、もとより弱小国の蜀にそれだけの力は無く、魏《ぎ》・呉《ご》・蜀の三国のうち皮肉にも蜀が、最初に亡びるのです。

七星壇《しちせいだん》を築《きず》き風《かぜ》を祈《いの》る

生涯をひたすら蜀《しょく》のために尽くして死んだ諸葛孔明《しょかつこうめい》は、その忠義心にあふれた生き方と、志半ばに病没した悲劇性によって後世の人々に同情され、また深く愛されました。それゆえ明代《みんだい》に

書かれた通俗小説「三国志演義《えんぎ》」では、孔明は天才軍師として大きく誇張されて描かれたのです。赤壁《せきへき》の戦いでの孔明の描写は、自軍に有利な風を吹かせるために七星壇を築き、奇門遁甲《きもんとんこう》の秘術を使って祈り、奇跡の風を吹かせたとまで表現されています。

破竹《はちく》の勢《いきお》い

すでに蜀《しょく》が滅亡して、魏《ぎ》に代わった晋《しん》と呉《ご》が二国間で激しい戦闘を繰り返していた頃のこと。晋の杜預《とよ》将軍は、武昌《ぶしょう》を攻略した後に、勢いに乗ってさらに戦いを続けるべきか、それとも一度兵を引くかの選択を迫られます。

「竹は最初の一節を割れば次々と裂けて一直線に最後まで割れていくものだ、今の我々にはその勢いがある、この勝機を逃がすな」そう杜預は部下たちを鼓舞して戦いを続け、晋軍は次々と勝利をつかんでいくのです。

真に不要なものは切り捨てる

軍事《ぐんじ》には大要五《たいようい つつ》あり。よく戦《たたか》わば戦《たたか》うべし。戦《たたか》う能《あた》わざれば守《まも》るべし。守《まも》る能《あた》わざれば走《はし》るべし

余《あま》りの二事《にじ》は、ただ降《こう》と死《し》あるのみ。

長年、魏《ぎ》を翻弄《ほんろう》してきた遼東《りょうとう》の公孫《こうそん》淵《えん》を討つべく、魏の明帝《めいてい》は司馬懿《しばい》を戦場の最線へ送ります。司馬懿が得意の

心理戦を駆使して公孫淵をじりじりと追いつめると、窮した公孫淵は手のひらを返して今度は和睦《わぼく》を申し入れてきました。その時、司馬懿が静かに伝えたのがこの言葉。「軍事の核心は五つ、戦える時は全力で戦う、力がなければ守る、守れないなら逃げる、残りは投降するか死ぬかだ」魏が和睦を受け入れない以上、公孫淵には死しか道はなかったのです。

空城《くうじょう》の計《けい》

空城《くうじょう》の計《けい》とは、城門を開いてわざと自陣に敵を招き入れて見せ、何かあるのではないかと敵の警戒心を誘う計略を指します。『三国志演義《えんぎ》』には、蜀《しょく》の諸葛孔明《しょかつこうめい》が少ない兵力で魏と対戦した

際に空城の計を用い、城門を開け放ち、孔明みずから楼台《ろうだい》に上って琴を奏でたとあるのです。美しい琴の音とミステリアスな孔明の姿を見た魏《ぎ》の将軍は、これは何かあるに違いないと畏れ、あえて兵士を城内に踏み込ませなかったといいます。『三国志演義』ならではの脚色された英雄的な世界です。

死《し》せる孔明《こうめい》、生《い》ける仲達《ちゅうたつ》を走《はし》らす

生涯を通して大国、魏《ぎ》へ挑み続けた蜀《しょく》の諸葛孔明《しょかつこうめい》は、五丈原《ごじょうげん》の陣中で病を得て無念の死を遂げます。蜀軍は孔明の遺命を受けてその死をひた隠し、全力で司馬懿《しばい》率いる魏軍を攻撃するのです。

これに驚いた司馬懿は、病没と聞いた孔明が実は死んでおらず、陣中で何らかの策を練っているのではと疑い退却します。死後も生前の威光が残り相手を畏怖させる例えとして「亡くなった孔明が生きている司馬懿を翻弄させた」そう人々は語り継いだのです。

逸《いつ》をもって労《ろう》を待《ま》つ

孫子の兵法にある言葉です。味方の鋭気を養い、ひたすら敵が疲れるまで忍耐強く待つことを意味します。五丈《ごじょう》原《げん》で諸葛孔明《しょかつこうめい》と対峙した司馬懿《しばい》へ、魏の君主・曹叡《そうえい》が送った親書のなかにこ

の言葉があります。曹叡は孔明が疲れ果て撤退するのを待てと司馬懿へ告げたのです。司馬懿は孔明から煽《あお》られても罵《ののし》られても石のように動かず、孔明の衰えをひたすら待ちました。この戦略は孔明の死をもって決着がつき、司馬懿と魏を大勝利へと導きます。

コラム

民衆がこよなく愛した「三国志演義《えんぎ》」

「三国志演義」は三国時代よりもはるか後の明《みん》代に、羅漢中《らかんちゅう》という小説家によって書かれたといわれています。長年、民衆の間に口承で伝わってきた三国時代の英雄譚《えいゆうたん》を、よりドラマチックに脚色して小説としてまとめたものです。民衆たちは、卓越した人間洞察力と支配力によって一代で魏《ぎ》を築いた曹操《そうそう》やその参謀たちよりも、筵《むしろ》を売るほどの貧困から身を興し、関羽《かんう》や張飛《ちょうひ》、諸葛孔明《しょかつこうめい》といった清廉《せいれん》な部下たちと団結して蜀《しょく》を築いた劉備《りゅうび》に深く心を寄せました。「三国志演義」はその民意の嗜好がそのままに反映されたストーリーとなったのです。「三国志演義」の主人公は第一に蜀の建国者たちであり、とりわけ劉備と諸葛孔明は欠点のない名君、名軍師として登場します。対照的に魏と曹操は分かりやすい悪玉として、やや歪められて表現されました。「三国志演義」には、国々の興亡のなかを必死に生きてきた大衆たちの望むリーダー像や忠臣像が、実に率直に、かつ魅力的にいきいきと描かれたのです。

第三章　組織で生きるとき

人によって成功し、人によって滅びる

諸葛孔明《しょかつこうめい》をして在《あ》らしむと雖《いえど》も
亦《ま》た之《これ》を輔《たす》けて久《ひさ》しく全《まった》くする能《あた》わず
何《なん》ぞ況《いわ》んや姜維《きょうい》をや

諸葛孔明《しょかつこうめい》の没後も、蔣琬《しょうえん》と費禕《ひい》が蜀《しょく》の内政を掌握していたころは、劉禅《りゅうぜん》の治世は安定していました。しかし費禕が亡くなり、軍事の全権を姜維が握るようになると乱れ始めます。姜維は独断で北伐《ほくばつ》を繰り返し、国力を消耗していったのです。劉禅はそんな姜維をうまく使いこなせず、統治そのものにやる気を失っていきました。「孔明が存命であったとしてもこの君主を輔佐《ほさ》するのは大変だっただろう、ましてやあの姜維では言うまでもない」あっけなく魏に降伏した劉禅と蜀の滅亡を見て、人々は哀しく噂したのです。

我、人《ひと》に背《そむ》くとも、人《ひと》の我《われ》に背《そむ》くこと許《ゆる》さじ

曹操《そうそう》が時の権力者・董卓《とうたく》と対立して、苦しい逃亡生活を送っていた頃のこと。敵方に自分たちを売り飛ばそうとしていると疑いを抱き、曹操は彼をかくまってくれた友人呂伯奢《りょはくしゃ》とその一家を斬殺します。その非情な振る舞いを見た部下の陳宮《ちんきゅう》は強く諫《いさ》めますが、その時に曹操が放った言葉がこれ。

陳宮は曹操の異常な一面に失望し、やがて曹操の元を去るのです。力のあるリーダー

とはいえ度を過ぎた振る舞いには、優秀な
部下の心は離れていくのです。

子龍《しりゅう》は我《われ》を捨《す》てず

劉備《りゅうび》は大勢の民衆を率いて荊州《けいしゅう》から撤退しますが、あっという間に曹操《そうそう》軍に追いつかれます。ふと気づくと名将・趙雲子龍《ちょううんしりゅう》の姿が見当たりません。さては裏切って逃走したなと他の者たちが

口々に叫ぶなか、劉備だけは「子龍が私を捨てることはありえない」と断言したのです。実はこの子龍、劉備の息子とその妻を命がけで探していたのでした。これぞと信頼した部下には危機的状態でも疑いを見せず、あえて最後まで信じてみせる器量、それが部下の信頼をつかむのです。

その長《ちょう》ずるところを貴《たっと》び
その短《たん》なるところを忘《わす》る

孫権《そんけん》は部下の使い方が実に巧みでした。長所に注目し、短所はあえて見逃したのです。それはチームとして人材を活用するコツを熟知していたからです。多くの部下がいれば、ある者の短所も他の者の長所でカバーできることが多いのです。赤壁《せきへき》の戦いにおける黄蓋《こうがい》と周瑜《しゅうゆ》のように絶妙なコンビで勝利をつかみとるチームが孫権のもとでは成立しました。

君主たるもの一人の部下に多才さを求めず、グループとして活用できれば十分なのです。

前途《ぜんと》に梅林《ばいりん》あり

曹操《そうそう》は幼いころ、嘘つき阿瞞《あまん》と呼ばれていました。自分を守るため、より良い条件を得るためには平気で嘘をつく、彼にはそんな一面がありました。この嘘つきの才は、やがて軍の指揮に絶大な効果を発揮します。水のない乾燥地帯の行軍で渇きに苦しむ兵たちに「もう少し頑張れ、この先に梅林があるぞ」そう偽りの励ましを続けて進軍させ、兵たちは何とか目的地までたどり着けたのです。リーダーとして人を束ねるためには、時に嘘も使いようなのです。

僕《ぼく》、書生《しょせい》といえども、命《めい》を主君《しゅくん》に受《う》く

若い陸遜《りくそん》が軍の指揮権を任されたときのこと、歴戦の先輩たちは自分よりも若い指揮官を甘く見て、指示に従いませんでした。軍のゆるみを心配した陸遜は「私は新参者だが、主君に命じられて今この任を受けているのだ」と伝え、「主君の命に背く者は、断固として処罰する。」そう宣言したのです。

自分のほうが年が上だから、古くから会社にいるから、そんな個人的な思いを理由

に上役を軽視するというのは、組織そのものを軽んじていることと同じことなのです。

性度《せいど》弘朗《こうろう》、仁《じん》にして断多《だんおお》く、侠《きょう》を好《この》みて士《し》を養《やしな》い
始《はじ》めて名《な》を知《し》らるること、父兄《ふけい》にひとし

兄・孫策《そんさく》が殺害されたとき、弟である孫権《そんけん》はまだ十代という若さでした。兄を惜しみつつも多数の部下たちが弟・孫権に従ったのは、この兄弟たちの強い絆と人間力によるもの。孫権は若いけれど性格が明るく器も大きく、孫策もそんな弟を高く評価していました。孫策は息を引き取る直前、はっきりと孫権を後継者に指名して亡くなり

ます。兄弟で骨肉の争いを繰り返すのが常の乱世で、互いに譲り合い、高め合うことができた兄弟たちの国に優れた人材が集ったのは、自然な流れなのです。

君《きみ》が臣《しん》を選《えら》ぶのみにあらず、臣《しん》もまた君《きみ》を選《えら》ぶ

呉《ご》の周瑜《しゅうゆ》は、後漢の馬援《ばえん》が光武帝《こうぶてい》に答えたこの言葉を引用して、魯粛《ろしゅく》に孫《そん》権《けん》へ仕えることを薦めました。君主が部下を選ぶだけでなく、部下も誰に仕

えるか選ぶべきという言葉には、選ばれる上司としていかに孫権がふさわしいかという自信が溢れています。周瑜は、自分を鍛え上げるだけでなく仕える君主を積極的に選び、誇り高く生きようとしました。道を切り開く優秀な男たちの生きざまは、今も昔も何一つ変わらないのです。

語言少《ごげんすく》なく、善《よ》く人《ひと》に下《くだ》り、
喜怒《きど》は色《いろ》に表《あら》わさず

口数が少なく、いつも相手を立て、喜怒哀楽《きどあいらく》は一切表に出さない、これが識者による当時の劉備《りゅうび》の評価でした。

これをもって劉備が柔和な優れた人物

だったと判断するのは単純すぎます。むしろ苦労人ゆえに容易に人を信じず、自分をうまく抑えていたともいえるでしょう。劉備の腰の低さは、二十代の諸葛孔明《しょかつこうめい》を三顧《さんこ》の礼をもって迎え、感激させた出来事でもわかります。有能な若手を敵にまわさずうまく懐柔して自分の懐に取り込むすべを劉備はよく心得ていたのです。

それ王業《おうぎょう》を立《た》つる者《もの》は、用《もち》うるところ一《いち》にあらず

関羽《かんう》は武将として当代随一の実力と評判とを持つがゆえに、自尊心が高すぎるという欠点がありました。ある時関羽は、老将・黄忠《こうちゅう》が自分と同じ地位に就くことを知って激怒します。すると劉備の使者である費詩《ひし》は、昔話を引用して「大きなことを成し遂げる者は、人の使い方も規則通りのものではない」と、もう少し幅をもって人事をとらえるよう関羽を説得したのです。

納得のいかない人事でも騒がず一度受け入れて様子を見てみる、そんな器量は部下に対しても必要です。

北は曹操《そうそう》にあたり、東は孫権《そんけん》と和《わ》す

蜀《しょく》にとって荊州《けいしゅう》は、魏《ぎ》と呉《ご》の国境に接した重要拠点でした。この地の守りを関羽《かんう》に任せる時、諸葛孔明《しょかつこうめい》は北の曹操と東の孫権が同時に攻めてきたらどうするかと彼に尋ねます。関羽は胸を

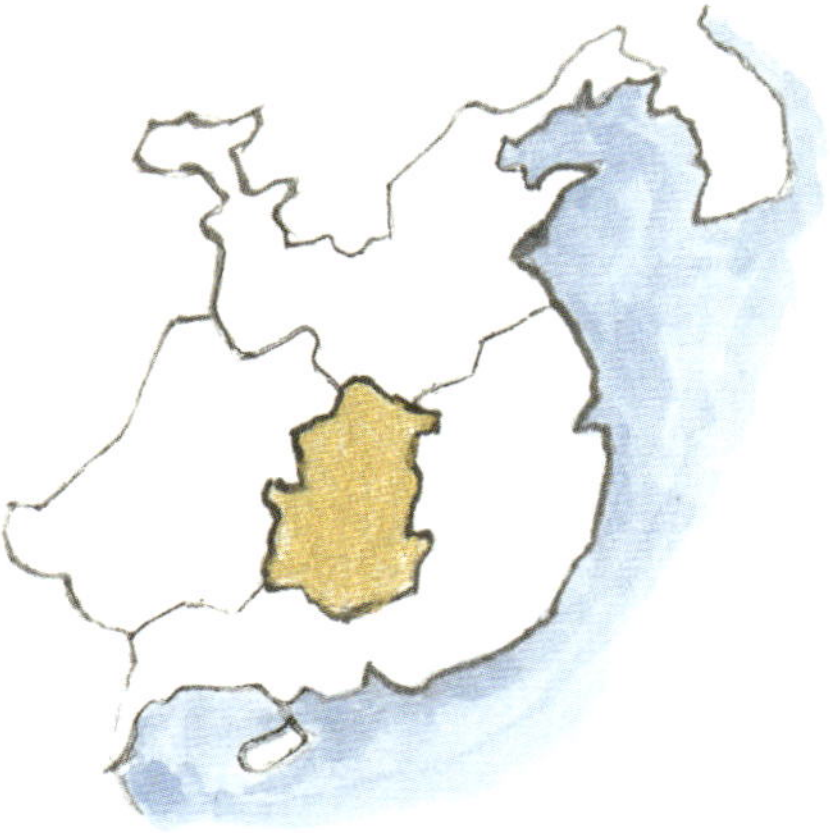

張って「軍を二手に分けて戦うのみだ」と豪語したので、孔明はすぐに策を授けました。「その場合は曹操とは戦い、必ず孫権《そんけん》とは同盟を結んでください」

しかし関羽はこの考えを理解できず、徐々に孫権を軽んずる行動を繰り返すようになり、やがて呉に捕縛《ほばく》されて斬殺されるのです。

平等は組織を成長させない

勲労《くんろう》、賞《しょう》すべきには千金《せんきん》をも吝《おし》しまず、功《こう》なくして施《ほどこ》しを望《のぞ》むには分毫《ぶんごう》も与えず

曹操《そうそう》の部下の扱いかたは極めて合理的でした。成果を出したものにはふんだんに褒美を与えて労《ねぎら》い、成果を出す気のない者には何一つ与えなかったの

です。一見当然に思える方法ですが、これを実現できている組織は今も昔も少ないもの。部下を差別してはいけないと全員に等しく賞与を与えたり、優秀な人材が成果を出すのを歓迎しない組織は少なからず存在します。マネジメントとは人間関係の調整ではありません。組織の力を上げるために逸材を優遇することは決して悪ではないのです。

士元《しげん》は百里《ひゃくり》の才《さい》にあらざるなり

龐統《ほうとう》士元は、諸葛孔明《しょかつこうめい》と共に臥竜鳳雛《がりゅうほうすう》と呼ばれたほどの逸材でした。しかし堂々たる体格の孔明と異なり風采がパッとしないため、劉備《りゅうび》は龐統の力量がよく分からないまま小さな県の知事に任命します。

呉の重鎮魯粛《ろしゅく》はこの人事を見て劉備に一言伝えました。「あの龐統士元は、小県の知事をするような器ではありませんぞ、一国の軍師か宰相《さいしょう》並みの逸材です」この言葉

に仰天した劉備はすぐさま彼を呼び戻し、
孔明と同格の軍師にしたのです。

人間の本性を見据えて指導する

その譚《たん》を美《び》にせざれば、すなわち声名《せいめい》、慕企《ぼき》するに足《た》らず
慕企《ぼき》するに足《た》らざれば、善《ぜん》をなす者《もの》少《すく》なし

龐統《ほうとう》は、乱世に生きる人々の身勝手さと浅ましさをよく理解していました。弱肉強食の世界で部下たちを正しく活かすためには、彼らに名声や栄誉を与えることだと感じていたのです。彼は部下の長所を大げさに褒め、その美点をもっと伸ばすよう指導しました。「彼らが良い行いをしたら、誇張しても褒める、そうしなければ今の世で

は善をなす者が誰もいなくなるぞ」つまり龐統は、人間の本性を善だとは微塵も思っていなかったのです。

知《し》りていまだいわず、もって己《おの》が過《あやま》ちとす

かの孔子《こうし》を先祖に持ち、幼少期には神童とまで呼ばれた孔融《こうゆう》は、その抜群の頭脳と名家の生まれで朝廷で大活躍しました。孔融は乱世においても儒学者として高潔に生きることを望み、権《けん》

謀術数《ぼうじゅっすう》に満ちた曹操《そうそう》とはしだいに対立するようになります。「言うべき時にきちんと相手に言わないのは自分の弱さだ」と考える孔融は、曹操の政策を一つ一つ例に挙げて批判を繰り返し、やがて曹操によって獄に送られ、家族と共に処刑されてしまいます。

矛《ほこ》をさかしまにして、柄《え》を相手《あいて》に与《あた》える

後漢《ごかん》の霊帝《れいてい》の時代、宦官《かんがん》たちが政務に口をはさむことに悩んだ大将軍・何進《かしん》は、袁《えん》紹《しょう》にその対処法を相談しました。

袁紹は「豪族たちに兵を率いて上洛するよう呼びかけるのです。宦官どもは震え上がりますよ」と薦めましたが、何進の部下陳琳《ちんりん》はこれに猛反対します。「とんでもない、それは武器の柄を相手に与えるようなものです」野心家揃いの地方豪族たちを中央に

集めれば一体どんな内乱が起こるか分かったものじゃない、そう陳琳は警戒したのです。

変《へん》に応《おう》じ略《りゃく》を将《ひき》いるは、その長《ちょう》ずるところにあらざるか

正史「三国志」の著者陳寿《ちんじゅ》による諸葛孔明《しょかつこうめい》の評価です。彼は孔明を稀代の名政治家と高く評価しつつも、軍師として臨機応変に戦況に対応するのは苦手だったのではないかと評しました。繰り返し魏《ぎ》の討伐に乗り出しても失敗し、最後は司馬懿《しばい》に敗れたという経緯を見れば明白です。

一方で後世の「三国志演義《えんぎ》」には陳寿の孔明評とは真逆の、奇策を次々と成功させ

る天才軍師孔明が描かれました。それは孔明を愛した民衆たちの願いだったのかもしれません。

武《ぶ》を統《す》べて師《し》を行《や》るに、大信《たいしん》を以《もっ》て本《もと》とす

蜀《しょく》のルールとして、遠征中の兵士たちは時々故郷に帰すという決まりがありました。しかし度重なる遠征で人材は不足し、諸葛孔明《しょかつこうめい》の部下は兵士たちの帰国を延期させることを提案します。

しかし孔明はその提案を退けました。「指揮官は部下との約束を死守してこそ、指揮官なのだ」この孔明の言葉に多くの兵士が安堵して懸命に働いたのです。時代を超えて孔明が敬愛された理由の一つが、この公平無私を貫いた政治姿勢だったことは間違いありません。

良禽《りょうきん》は木《き》を選《えら》ぶ

ある時、曹操《そうそう》は敵方に見事な戦いぶりの徐晃《じょこう》という武将を見つけます。この武将を手に入れたい曹操が配下たちに相談すると、満寵《まんちょう》という武将が静かに手を挙げました。彼は雑兵に身をやつして敵方に潜り込み、徐晃を見つけ出して熱く説いたのです。「優れた鳥はよい木を選んで住むものですぞ」。それは孔子の言葉として「春秋左氏伝《しゅんじゅうさしでん》」に出てくる一節でした。

満寵の命がけの忠義とこの言葉に感動した徐晃は曹操の元へ赴き、死ぬまで魏《ぎ》軍の将として活躍するのです。

漢室《かんしつ》はまた興《おこ》すべからず
曹操《そうそう》はにわかに除《のぞ》くべからず

三国時代、英雄たちは「傾いた後漢《ごかん》の王朝を立て直す」という大義名分を掲げ、勢力の拡大に努めていました。

しかし、呉《ご》の魯粛《ろしゅく》だけは冷静に時代を

見ていました。「漢室を立て直す必要はない、そして強大な力を持つ曹操を除くことも不可能だ」魯粛はそう考え、なるべく曹操とは戦わず、呉の領土を守ることに専念するよう孫権《そんけん》へ薦めます。蜀《しょく》の諸葛孔明《しょかつこうめい》が幾度も打倒魏《ぎ》の兵を挙げ、次第に国力を疲弊させていった一方、呉は守りに徹することで長く国を維持したのです。

コラム

江戸時代に流行した、三国志

日本では、江戸時代に川柳《せんりゅう》や歌舞伎、落語といった分野で三国志にまつわる作品が続々と生み出されました。人徳者である劉備《りゅうび》が、悪逆非道の曹操に対して戦いを挑むというわかりやすい設定に加えて、次々と登場する軍師、参謀、将軍たちの百花繚乱《ひゃっかりょうらん》のごとき華やかさに、江戸っ子たちも魅了されたのです。江戸時代には数々の三国志本も発行されますが、なかでも面白いのは1789年に刊行された洒落本『讃極史《さんごくし》』。かの葛飾北斎《かつしかほくさい》が挿絵を描き、史実から遠く離れたおとぎ話のような三国志本として人気を博します。『三国志演義《えんぎ》』の世界観には、『平家物語』や『将門記《しょうもんき》』『今昔物語集《こんじゃくものがたりしゅう》』など日本中世の軍記物語において顕著な「滅びの美学」「無常観」と相通じる思想が感じ取られたことも、日本人に愛された理由の一つでしょう。打倒魏《ぎ》を目指しながらも果たせずに散った劉備、諸葛孔明《しょかつこうめい》たちの哀れさがまた、当時の日本人に深い共感をもって受け入れられたのです。

第四章　リーダーの心得

狼《ろう》を除《のぞ》いて、虎《こ》を得《え》る

地方豪族たちが反董卓《とうたく》で一致団結して洛陽《らくよう》に攻め上っていたころ、呉《ご》の孫策《そんさく》は袁術《えんじゅつ》軍の最前線で戦っていました。このまま孫策の才能と勢いで洛陽を攻め落とされると自分のコントロールが効かなくなる、そう警戒した袁術は、なんと孫策率いる自軍の最前線の部隊への補給を停止してしまうのです。

「董卓を討つのに孫策を用いるのは結構ですが、それは狼よりさらに強大な虎を呼び

こむことになりますぞ」そう一人の部下が
袁術に囁《ささや》いたためです。

平《たい》らかなるを治《おさ》める者《もの》は仁義《じんぎ》を先《さき》にし、乱《みだ》れるを治《おさ》める者《もの》は権謀《けんぼう》を先にす

争いばかりの土地をどう治めるべきか悩む劉表《りゅうひょう》に、配下が進言しました。「平和な世であれば仁義を重んじた政治も必要でしょう、しかしご覧のとおり

の乱世です。乱世の統治には力が必要なのです」この言葉に納得した劉表は、まず地域を征服し、後に善政を行いました。暴君のイメージを人々に与えることを君主は怖れます。しかし力によってしか平和が維持できない世界もあるのです。君主は自らの評判を気にせず、必要なときは力を用いて統治しなければなりません。

三顧《さんこ》の礼《れい》

側近の張飛《ちょうひ》や関羽《かんう》が「彼を呼び出すべきです」と再三言うのも制して、劉備《りゅうび》ははるかに年下の諸葛孔明《しょかつこうめい》が住む草庵に、三度も足を運び意見を求めました。

後に孔明は劉備の子・劉禅《りゅうぜん》との語らいのなかで、この時の劉備の「三顧の礼」がいかに自分の胸を打ったか、誠意のある劉備に心動かされ、生涯を劉備と蜀に捧げる決意をしたことを語っています。

謙虚に嘘偽りなく接するリーダーの姿に
胸を打たれない部下はいないのです。

水魚《すいぎょ》の交《まじ》わり

待望の軍師・諸葛孔明《しょかつこうめい》を得た劉備《りゅうび》は、この若き天才の意見を次々と政務に取り入れ組織に変革をもたらします。もちろん古くから劉備に従ってきた関羽《かんう》や張飛《ちょうひ》たちは面白くありません。不平不満を漏らすと劉備は言葉を尽くして説明をしました。「我々が成功を手にするためには、孔明の知恵が必要なのだ、魚に水がなければ生きていけないように、今の我々には孔明が不可欠なのだよ。」身近な存在の反対には言葉を尽くして理解を待つ、それが最も誠実でベストな方法です。

曹操《そうそう》を迎《むか》うべしというものは、この机《つくえ》と同じからん

押し寄せる曹操軍に圧倒された呉《ご》の文官たちは、孫権《そんけん》に降伏を勧めました。一方、武官たちは徹底抗戦を主張し会議は紛糾します。しばらく部下たちの討論を黙って聞いていた孫権は、突如

立ち上がると目の前のテーブルを真っ二つに切り倒したのです。「これ以上わしに降伏しろと言う者があれば、この机と同じ運命になるぞ。」孫権の行動によって国が進むべき道は決まりました。トップに迷いがあれば部下の心も乱れ、その乱れは組織を壊します。最終決定は明確に下す、それがリーダーの仕事です。

大業《たいぎょう》をなすは、必《かなら》ず人《ひと》をもって本《もと》となすべし

建安十三年（二〇八年）、曹操《そうそう》の大軍に追われた劉備《りゅうび》は、荊州《けいしゅう》から撤退します。その時、多くの民衆が劉備を慕って一緒に荊州から逃げ出しました。もちろん非戦闘員を抱えての逃走は大変です。民衆を見捨てて撤退するよう繰り返し部下たちは劉備に進言しますが、劉備は一刀両断にそれを拒否、大きな仕事を成し遂げるためには人民こそ第一である、そう言って彼らと共に撤退を続けました。

領民あってこその君主、そのことを劉備は熟知していたのです。

もし嗣子《しし》、輔《たす》くべくんばこれを輔《たす》けよ
もしそれ不才《ふさい》ならば、君《きみ》、自《みずか》ら取《と》るべし

息子に才能があり、君から見て輔佐《ほさ》するに足りる人物なら彼を輔佐してほしい、もし彼に才能がないなら……あなたが直接国を治めなさい。驚くべきことに死を目前にした劉備から諸葛孔明《しょかつこうめい》への、これが最後の言葉でした。いかに劉備が孔明を重んじていたか分かる一言です。この言葉を聞いた孔明は、王位を奪うどころか死ぬまで劉備の息子・劉禅を君主と仰ぎ、輔佐役として彼に仕えます。人は敬愛するリーダーから全福の信頼を得たとき、喜んで自らを捧げることができるのです。

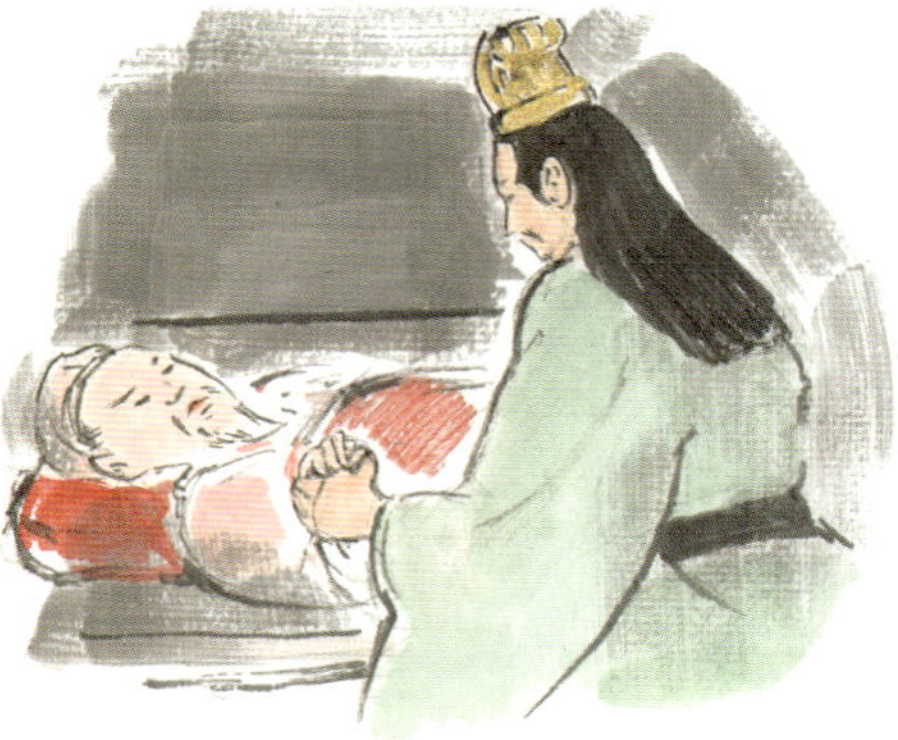

不臣《ふしん》の礼《れい》

夏侯惇《かこうとん》は曹操《そうそう》の従兄弟であり、共に戦場を駆け巡った側近中の側近でした。驚くことに曹操は、夏侯惇には魏《ぎ》の官位を一つも与えていなかったのです。曹操は夏侯惇と自分は漢の家臣として

対等という「不臣の礼」を実践しました。部下ではなく唯一の友と見なしていたのです。曹操の夏侯惇への信頼は揺らぐことなく年々強まり、晩年は曹操の寝室に自由に出入りしても構わないという家族同然の扱いとなりました。病を得て亡くなるその最後の時も、曹操は夏侯惇に見守られ静かに息を引き取ったのです。

泣《な》いて馬謖《ばしょく》を斬《き》る

諸葛孔明《しょかつこうめい》は魏《ぎ》軍との攻防戦において、愛弟子・馬謖に蜀《しょく》の要所である街亭《がいてい》の守りを命じます。孔明は山のふもとに布陣するよう忠告しましたが、勝ちを焦った馬謖は命を無視し、山頂に布陣します。結果は惨敗、敗戦の将となって戻ってきた馬謖を孔明は処罰しなくてはなりません。孔明に詫び、静かに死を待つ若い馬謖を、老いた孔明は涙を流して死罪にするのです。

身内だから弟子だからとルール違反は許されません。トップは下に規則を与える以上、自分もその規則を生きねばならないのです。

笑語《しょうご》をよくし、性《せい》は闊達聴受《かったつちょうじゅ》、人《ひと》を用《もち》うるに善《よ》し

孫権《そんけん》の兄であり呉《ご》の君主だった孫策《そんさく》は、冗談を飛ばし、人の話をよく聞くので人望がありました。二十代で亡くなったので、長く生きればまた違った評価だったかもしれません。しかし周《しゅう》

瑜《ゆ》始め、呉の幕僚たちは孫策の魅力を長く語り継いでおり、忘れがたい君主だったことは確かです。

笑語とはユーモアのこと。明日をも知れぬ乱世に笑いを持ちこめるのは余裕がある証し。緊張で張り詰めた部下たちの心も、リーダーの笑いの力によって癒されたのです。

軍《ぐん》を御《ぎょ》すること三十余年《さんじゅうよねん》、手《て》に書《しょ》を捨《す》てず
昼《ひる》はすなわち武策《ぶさく》を講《こう》じ、夜《よる》はすなわち経伝《けいでん》を思《おも》う

魏《ぎ》の曹操《そうそう》は三十年以上に渡って戦場にいましたが、その間も学ぶことを怠りませんでした。昼は戦の策をめぐらし、夜は懸命に古典を読んでいたとい

います。孫権《そんけん》が部下、呂蒙《りょもう》にもっと勉強をしなさいと忠告した時も、この曹操の勤勉さを例に挙げているのです。第一線の現場は、めまぐるしく変わります。その変化に対応できるよう常々情報を入れ、知識の幅を広げることは重要です。リーダーが謙虚に学び続けることで、組織はより大きくなれるのです。

他人《たにん》の商度《しょうたく》、人《ひと》の意《い》の如《ごと》きは少《すく》なし

沈着冷静な曹操《そうそう》も、うっかり人の言葉を信じて大失敗したことがあります。漢中《かんちゅう》で勢力を保持していた張魯《ちょうろ》を討伐《とうばつ》するため出兵した時のこと、張魯軍の掃討《そうとう》など瞬時に終わるでしょう、という涼州《りょうしゅう》の巡察官の言葉をなぜか鵜呑みにして出兵し、想定外の攻勢に手ひどい打撃を受けます。

「他人の推量など当たることは少ないものだな」と曹操が肩を落としたのはこの時。

飛び交う情報の信頼性をクールに判断し、進むべき道を選択するのはリーダーの責任だからです。

三軍《さんぐん》は将《しょう》をもって主《しゅ》となす 主衰《しゅおとろ》うれば、軍《ぐん》、奮意《ふんい》なし

曹操《そうそう》が猛将として名高い呂布《りょふ》を攻めたときのこと、しぶとい抵抗と味方の損害に弱気になった曹操が撤退を口にすると、幕僚の荀攸《じゅんゆう》が曹操をじっと見

すえて言いました。「君主の心の状態は、軍の士気に大きな影響を与えます。あなたが弱気になれば、あなたが統括する軍は力を失うのです」この言葉にハッと我に返った曹操は自らと兵を鼓舞し、呂布を打ち取ったのです。自分の弱気が周囲に及ぼす絶大な影響を、トップであれば熟知すべきなのです。

狼子《ろうし》、養《やし》うべからず、のち必《かな》ず害《がい》をなさん

魏《ぎ》の曹操《そうそう》だけでなく呉《ご》の孫権《そんけん》も、関羽《かんう》に強い憧れを持っていました。関羽の立ち居振る舞いのあまりの立派さに、敵方の君主たちは捕えても惜しんで殺せなかったのです。ある時、呉によって関羽が捕縛されると、孫権は彼を生かすことを切実に望みますが、側近たちは猛反対します。「狼は犬ではありません、生かしておけば必ず、呉にとって災いを招くでしょう」こうして関羽雲長は斬首されました。

個人的にどれほど不本意でもリーダーとして現実的な判断を強いられる時があるのです。

読みの甘さは自らの崩壊を招く

天《てん》に二日《にじつ》なく、一国《いっこく》に二君《にくん》なし

漢中《かんちゅう》の張魯《ちょうろ》の侵攻から蜀《しょく》を守るという名目で劉備《りゅうび》が蜀に入ったときのこと。もとより劉備たちは蜀を奪い取るつもりなのですが、現地の太守劉璋《りゅうしょう》は温かく劉備を客として迎えました。この時、

劉璋の部下の黄権《こうけん》は、君主の判断の甘さを厳しく諫めます。「あの劉備を客にするなど、まるでこの国に主が二人いるかのような事態になりますぞ」黄権の読みは的中し、劉備一派によって劉璋政権はあっという間に解体させられ、蜀は簒奪《さんだつ》されてしまうのです。

我《われ》、必《かなら》ずこの羽葆蓋車《うほうがいしゃ》に乗るべし

羽葆蓋車とは、羽飾りのついた皇帝の車のことです。少年時代の劉備《りゅうび》の家には一本の大きな桑の木がありました。その木を見上げた劉備は、まるで美しい皇帝の馬車のようだと思ったのです。

「僕は大きくなったら、絶対にこんな美しい車に乗るんだ」叔父と母に叱られても劉備はかまわず、大きな声でその夢を叫んだのです。

ひとり劉備だけでなく、三国時代の英雄たちは生涯をかけて夢を追い、その夢を懐に抱いたまま死んでいきました。

法《ほう》を制《せい》して自《みずか》らこれを犯《おか》さば何《なに》をもって下《しも》を率《ひき》いん

曹操《そうそう》は進軍するとき、大切な補給源である農産物の畑の近くは避けていました。「麦や作物を踏みつける者は厳罰に処す」と部下たちにも厳しく宣言していたのです。しかしある日、曹操の馬が暴走して麦畑に突っこみ、農作物を踏み荒らしてしまいます。とっさに馬から飛び降りた曹操は「法を作った者が自ら法を破っては部下を率いる資格などない」と部下たちの前に跪《ひざまず》き、抜刀して自らの髪を切り落として全員に詫びたのです。

葬《そう》おわらば、みな服《ふく》を除《のぞ》け

「天下はまだ安定していない。しきたりは無視して私の葬儀が終ったらすぐに喪服を脱げ。軍務に服している者は持場を離れるな。役人はその職務を続けよ。納棺には平服を入れ、金玉珍宝などは副葬しないように」

激動の後漢末期に身を興し、わずか一代で大国・魏《ぎ》を築き上げた曹操《そうそう》は、六十代半ばで病没します。乱世の姦雄《かんゆう》と呼ばれた彼の、これが最後の言葉でした。

部下たちは最大の敬意をもって静かにこの遺言に従ったのです。

そもそも天下《てんか》の大勢《たいせい》は
分《わ》かれること久《ひさ》しければ必《かなら》ず合《がっ》し、
合《がっ》すること久《ひさ》しければ必《かなら》ず分《わ》かれる

この言葉は「三国志演義《えんぎ》」冒頭の一節です。分裂しては統一され、統一してはまた分裂を繰り返す国々の興亡《こうぼう》の

なか、英雄たちは全身全霊で時代に挑みました。はかなく消える国と命だからこそ、歴史のなかに足跡を残そうとしたのです。魏《ぎ》は蜀《しょく》を滅ぼしますが、魏もまた内乱によって新進の晋《しん》に取って代わられます。晋は呉《ご》を滅ぼして天下統一を達成したかに見えますが、その晋もわずか三十年で崩壊、中国大陸は再び混沌の時代に突入するのです。

コラム

滅亡の連鎖、三国時代の終わり

曹操《そうそう》、孫権《そんけん》、劉備《りゅうび》の三人が亡くなると、三国鼎立《さんごくていりつ》は揺らぎ始めます。はじめに崩壊したのは蜀《しょく》でした。有能な蔣琬《しょうえん》と費禕《ひい》が亡くなると、二代目の劉禅《りゅうぜん》は宦官《かんがん》を重用し、政権内部で権力闘争が起きます。混乱した蜀に魏《ぎ》の大軍が侵攻してくると劉禅は抵抗することなく降伏、ここに蜀は滅亡します。その魏もまた安泰ではありませんでした。二代目の曹丕《そんひ》が没し、子の曹叡《そうえい》、曹芳《そうほう》と代が変わっていくうちに司馬懿《しばい》らの重臣が台頭し始め、やがてクーデターによって魏の実権は曹氏から司馬氏へと簒奪《さんだつ》されます。最後まで生き残った呉《ご》も例外ではありませんでした。晩年の孫権は耄碌《もうろく》し、後継者問題で火種を抱えたまま亡くなります。呉の混乱を見た晋《しん》の司馬氏は建業《けんぎょう》を攻め、呉は晋に降伏、ここに三国時代は終わりを迎えます。いずれの国も創始者が亡くなると権力争いが起こり、徐々に国力が衰えていったことが分かります。三国をすべて滅ぼした司馬氏の晋ですら相次ぐ内乱により数十年で崩壊、中国はさらなる混沌の時代へと突入していくのです。

第五章　人物紹介

人物紹介

劉備《りゅうび》（一六一～二二三年）蜀漢《しょくかん》の初代皇帝

字《あざな》は玄徳《げんとく》。父は州郡の官吏を勤めたが劉備が幼い頃に亡くなり、家は貧しく劉備は母と共に筵《むしろ》を織って生計を立てていたと伝わっている。黄巾《こうきん》の乱の鎮圧で功績を上げ、猛将として名高い関羽《かんう》、張飛《ちょうひ》、趙雲《ちょううん》らと共に各地を転戦した。諸葛孔明《しょかつこうめい》を軍師として迎え、天下三分の計に基づいて益州《えきしゅう》の地を得て以降、勢力を拡大し蜀漢を建国した。やがて蜀漢の初代皇帝となる。魏・呉・蜀の三国鼎立の時代、実態としての蜀は辺境の最弱国であり、三国のなかでは比較的早い時期に魏によって滅亡に追い込まれた。

曹操《そうそう》（一五五〜二二〇年）後漢《ごかん》の丞相《じょうしょう》、魏王《ぎおう》

字《あざな》は孟徳《もうとく》。後漢末に生まれ朝廷に官僚として仕えた後、勢力を拡大して河北《かほく》から中《ちゅう》原《げん》にかけての一帯を支配する。漢最後の皇帝・献帝《けんてい》に仕える「漢の丞相」と名乗るも実質上の魏王朝の開祖であり、死後は武帝と諡《し》号《ごう》された。流民や兵士に耕地を耕させ、生産物を地代として取る土地政策「屯田制《とんでんせい》」を活用し、軍事・食糧生産の両面において国力の強化に成功した。能力重視の登用で人事面においても卓越した手腕を振るった。

『三国志演義』では悪役として描かれるが、正史三国志では陳寿により「非常の人」との評価を得る。

人物紹介

孫権《そんけん》（一八二〜二五二年）呉の初代皇帝

字《あざな》は仲謀《ちゅうぼう》。兄孫策《そんさく》の最期に、武力に関しては兄ほどではないが、国を治める能力に長けていると評され後事《こうじ》を託された。国内の反対勢力や豪族のまとめ役として力を発揮した一方で、周瑜《しゅうゆ》、魯粛《ろしゅく》、呂蒙《りょもう》、諸葛瑾《しょかつきん》といった優れた人材を輩出し、守りに徹したスタンスで三国間に一定の均衡をもたらした。曹操《そうそう》が亡くなると、後漢の献帝《けんてい》から禅譲《ぜんじょう》を受けて魏を建国した曹丕《そうひ》の皇帝位を承認し、「諸侯《しょこう》の礼《れい》」をとって呉王《ごおう》に封ぜられた。しかし晩年は後継者問題で失速、数々の内紛を招き呉《ご》の力を大きく削ぐ一因となった。

関羽雲長《かんううんちょう》（生年不詳～二二〇年）蜀《しょく》の武将

字《あざな》は雲長。早くから劉備《りゅうび》に仕え、圧倒的な強さに加えて美髯公《びぜんこう》と呼ばれた端麗な容姿と立ち居振る舞いで、敵方の曹操始め多くの同時代人を魅了した。建安五年に曹操の捕虜になり厚遇されると、曹操のため敵将の顔良《がんりょう》に挑み、瞬く間にこれを討ち取った。曹操《そうそう》への恩返しを終えたら速やかに劉備の元へ戻り、忠義の臣として更なる評価を得る。係争地である荊州《けいしゅう》をめぐっては諸《しょ》葛孔明《かっこうめい》からの忠告を無視して徐々に孫権《そんけん》との対立を深め、二二〇年、臨沮《りんしょ》において息子の関平《かんぺい》らと共に呉《ご》に捕縛され、斬首された。

諸葛孔明《しょかつこうめい》（一八一～二三四年）蜀漢《しょくかん》の政治家・軍師

姓は諸葛、名は亮《りょう》、字《あざな》は孔明。動乱期に荊州《けいしゅう》で晴耕雨読の生活を送っていたが、劉備の「三顧《さんこ》の礼《れい》」によって出廬《しゅつろ》する。「天下《てんか》三分《さんぶん》の計《けい》」によって曹操《そうそう》・孫権《そんけん》とは衝突せず荊州・益州《えきしゅう》を領有し、その後に天下を争うべきと考えた。孔明は劉備政権の頭脳でありその子劉禅《りゅうぜん》が帝位に即くと武郷侯《ぶきょうこう》・開《かい》府治事《ふちじ》・益州刺史《しし》となり蜀《しょく》の全権を握った。「どのような小さな善でも必ず賞し、いかに小さな悪でも必ず罰し、その賞罰は常に公平であった」とその行政手腕を高く評される。打倒魏《ぎ》の戦争（北伐《ほくばつ》）を繰り返すも失敗し、五丈原《ごじょうげん》の陣中にて病没。

司馬懿《しばい》（一七九～二五一年）魏《ぎ》の武将・政治家

字《あざな》は仲達《ちゅうたつ》。「人に仕えるような器ではない」と曹操《そうそう》からはその並外れた鋭敏さを警戒されるが、曹丕《そうひ》は司馬懿の才気をこよなく愛し重用した。曹丕の死後も後継者曹叡《そうえい》を輔佐し、魏軍の最前線で蜀からの度重なる侵攻（北伐）を防ぎ、遼東《りょうとう》の支配者・公孫淵《こうそんえん》も討伐、魏の領土保全と拡大とに絶大な貢献をした。しかし曹叡が没し、曹爽《そうそう》から司馬懿への迫害が起こるようになると一転、クーデターを起こして曹一族を皆殺しにし、魏における全権を握った。後に孫の司馬炎《しばえん》は、魏より禅譲《ぜんじょう》を受けて皇帝となり、祖父である司馬懿を高祖宣帝《せんてい》と追号した。

人物紹介

孫策《そんさく》（一七五〜二〇〇年）後漢末《ごかんまつ》の武将

字《あざな》は伯符《はくふ》。幼少期に父の孫堅《そんけん》を亡くし十代で袁術《えんじゅつ》の将軍となる。その勇猛な戦いぶりと豪放磊落《ごうほうらいらく》な人柄ゆえに「小覇王《しょうはおう》」と称賛された。袁術軍に組みこまれていた孫堅の兵一千余りをまとめて軍を編成、袁術から独立して弱冠二十才で江東《こうとう》を平定し孫氏による支配の礎を築く。しかしその支配の性急さゆえに一部の地元勢力から恨みを買い反対勢力を呉の内部に抱えることになった。二〇〇年、刺客に襲撃されて矢が頬を貫通するという重症を負い死去。死に瀕して後継を弟の孫権《そんけん》に定めた。

張飛《ちょうひ》益徳《えきとく》（生年不詳～二二一年）蜀《しょく》の武将

字《あざな》は益徳。関羽《かんう》と共に劉備《りゅうび》の挙兵に当初から付き従った。並み外れた勇猛さによりその名声は中原に轟いた。張飛の武勇伝は後世の『三国志演義』においても多くの脚色を加えて取り上げられている。張飛は知識人層には敬意をもって丁寧に応対したが身分の低い者や兵卒などには横暴であった。二二一年、張飛に対してかねてより恨みを抱いていた部下の張達《ちょうたつ》・范彊《はんきょう》により暗殺された。彼が殺害した人の多すぎることと、いつも自軍の兵士を鞭打ち、その当人を側に仕えさせていることを常々劉備より注意されていたという。

魯粛《ろしゅく》（一七二～二一七年）呉《ご》の武将・政治家

字《あざな》は子敬《しけい》。親友周瑜《しゅうゆ》からの強い推薦を受け、孫策《そんさく》と孫権《そんけん》に仕える。「漢室再興」を望む孫権に対して、漢の高祖の例を挙げつつ「漢室再興も、曹操《そうそう》を除く事も難しい」と断じ、守りに注力した現実的な呉《ご》の政治を提言する。赤壁の戦いでは降伏派が多いなかで周瑜、孫権と共に抗戦を主張した。曹操軍を退けた後は、蜀の劉備《りゅうび》との連携に尽力し、周瑜の死後は孫権陣営の重鎮として活躍した。「赤壁《せきへき》の戦い」以降の煩雑な三国情勢をうまくあしらい、荊州《けいしゅう》を狙う蜀の劉備も巧みに退けるなど、外交官・行政官としても卓越した手腕の持ち主であった。

呂蒙《りょもう》（一七八〜二一九年）呉《ご》の武将

字《あざな》は子明《しめい》。孫策《そんさく》、孫権《そんけん》の二代に仕えた。黄祖《こうそ》討伐や赤壁の戦いで戦功を上げ、周瑜《しゅうゆ》、魯粛《ろしゅく》の後を継いで大都督《だいととく》となる。不勉強を孫権に指摘されて一念発起し猛勉強を続け、兵法書を諳《あ》んじるほどの博識になった。晩年は蜀《しょく》の関羽《かんう》を捕えて荊州《けいしゅう》を勝ち取るも、ほどなく病に倒れ四十代で死去。孫権は呂蒙の容態を聞くたびに一喜一憂し、賞金を賭けてまで手厚く治療させたと伝わる。「呂蒙は勇敢であり、謀《はかりごと》をよく巡らして決断力があった。軍略の何たるかをはっきり理解していた」と陳寿《ちんじゅ》は評している。

曹丕《そうひ》（二二〇～二二六年）

魏《ぎ》の初代皇帝。父曹操《そうそう》の勢力を受け継ぎ、後漢《ごかん》の献帝《けんてい》から禅譲《ぜんじょう》を受けて王朝を開いた。その統治は王権を絶対化するものであり身内に厳しく曹植《そうしょく》を始めとする兄弟を僻地に遠ざけ、財力を削ぐため転封を繰り返した。司馬懿《しばい》は彼の寵愛を受け後の司馬氏の台頭を招くことになった。

趙雲《ちょううん》（生年不詳～二二九年）

字《あざな》は子龍《しりゅう》。蜀《しょく》の武将。元々は公孫瓚《こうそんさん》の部下であったが劉備《りゅうび》に仕えるようになる。劉備が妻子を捨て逃走した際は、趙雲が嫡男《ちゃくなん》劉禅《りゅうぜん》を身に抱え、甘夫人《かんふじん》を保護し敵陣を突破して帰還。劉備、劉禅の二代に仕え、諸葛《しょかつ》孔明《こうめい》と共に北伐《ほくばつ》にも参戦、その生涯を蜀漢《しょくかん》の名将として忠義を尽くした。

呂布《りょふ》（生年不詳～一九九年）

字《あざな》は奉先《ほうせん》。丁原《ていげん》と董卓《とうたく》に仕えた。腕力が強く、弓術・馬術にも秀でていたため飛将と呼ばれた。主君董卓はその振る舞いで多くの人の恨みを買っていたため、つねに傍らに呂布を置いて警護させた。呂布はやがて董卓を殺し放浪するも最後は曹操《そうそう》との戦いに敗れ、捕縛されて殺された。

陳宮《ちんきゅう》（生年不詳～一九九年）

字《あざな》は公台《こうだい》。後漢末《ごかんまつ》の武将。はじめ曹操《そうそう》に仕えたが、曹操を裏切り呂布《ろふ》の傘下に入る。伝説では曹操の呂伯奢《りょはくしゃ》一家殺害に立会い、その残虐さに失望して去ったとされるが真偽は不明。呂布の捕縛《ほばく》と同時に捕らえられて斬首された。曹操は陳宮の家族を引き取って厚遇し、生涯面倒を見たと伝わる。

董卓《とうたく》（生年不詳～一九二年）

字《あざな》は仲穎《ちゅうえい》。後漢末の武将・政治家。霊帝《れいてい》死後の政治的混乱に乗じて政治の実権を握り、少帝を廃して献帝を擁立、宮廷での権勢を誇ったが、その残虐さと粗暴さによって諸侯や朝臣らの反感を買った。最後は養子であり側近中の側近であった呂布により殺害された。

黄忠《こうちゅう》（生年不詳～二二〇年）

字《あざな》は漢升《かんしょう》。蜀漢《しょくかん》の将軍。益州《えきしゅう》や漢中《かんちゅう》の攻略等で活躍した。劉備が漢中王になると黄忠を後将軍に任じたが、これに関羽《かんう》が激怒。黄忠を「老兵」と侮って彼と同列の前将軍になることを激しく拒否したが、費詩《ひし》の誠意ある説得により無事に両名とも将軍に就任した。

周瑜《しゅうゆ》（一七五～二一〇年）

字《あざな》は公瑾《こうきん》。呉の武将・政治家。孫策《そんさく》と孫《そん》権《けん》の二代に仕えた。早くから曹操《そうそう》への対抗策において卓見を示し「赤壁《せきへき》の戦い」では総司令官として曹操軍を破り、曹操の天下統一を頓挫《とんざ》させた。遠征中に三十六才で急逝。孫権は「周瑜がなければ私は皇帝にはなれなかった」とその功績を讃えた。

袁紹《えんしょう》（一四二～二〇二年）

字《あざな》は本初《ほんしょ》。後漢末の武将・政治家。宦官勢力を壊滅させることに成功し、関東において諸侯同盟を主宰して董卓としのぎを削った。同盟解散後も群雄のリーダー格として河北四州を支配するまでに勢力を拡大したが、「官渡《かんと》の戦い」において曹操《そうそう》に敗れて以降失速し、志半ばで病死した。

人物紹介

陸遜《りくそん》（一八三〜二四五年）

字《あざな》は伯言《はくげん》。呉の武将・政治家。関羽《かんう》討伐や「夷陵《いりょう》の戦い」で功績を上げ、呉《ご》の重臣として丞相《じょうしょう》の地位まで登りつめるが、その晩年は耄碌《もうろく》した孫権《そんけん》を諫めて二宮事件《にきゅうじけん》に巻きこまれ、憤慨のうちに死去した。陸遜の死後、悔いた孫権は涙ながらに孫の陸抗の手を取り、謝罪したと伝わる。

龐統《ほうとう》（一七九〜二一四年）

字《あざな》は士元《しげん》。蜀《しょく》の軍師、政治家。口下手で身なりが冴えなかったことから評判を得なかったが、人物鑑定で有名な司馬徽《しばき》にその才を認められ名声が広がった。劉備《りゅうび》軍の軍師となり孔明と共に尽力するが、成都攻略の際に流矢に当たり三十代半ばで死去した。

姜維《きょうい》（二〇二～二六四年）

字《あざな》は伯約《はくやく》。蜀漢《しょくかん》の武将。その軍略の才を諸葛孔明《しょかつこうめい》に高く評価されたが、蔣琬《しょうえん》や費禕《ひい》の死後、軍事を掌握すると度重なる北伐《ほくばつ》を強行し、蜀の滅亡の一因をつくった。陳寿《ちんじゅ》は「姜維は文武ともに優れていたが、多年に亘り国力を無視した北伐を敢行し、蜀の衰亡を早めた」と批評した。

夏侯惇《かこうとん》（生年不詳～二二〇年）

字《あざな》は元譲《げんじょう》。魏の武将、政治家。隻眼《せきがん》の猛将として怖れられたが、性格は無欲で高潔であり、余財が出るたび人々へ分け施していたという。曹操《そうそう》からの信頼は絶大であり常に同じ車に乗り、寝室まで自由に出入りさせた。曹操の死後わずか四か月後に、後を追うかのように没した。

人物紹介

劉表《りゅうひょう》（一四二～二〇八年）

字《あざな》は景升《けいしょう》。後漢末《ごかんまつ》の政治家。荊州《けいしゅう》一帯の支配者としてこの地の学問の振興に大きく貢献し、司馬徽《しばき》を筆頭に数々の名士や学者を輩出した。袁紹《えんしょう》と曹操の対立が鮮明化すると政治的立ち位置を明確にできず、天下に勇躍する機会を失った。六十代で病没。

劉禅《りゅうぜん》（二〇七～二七一年）

字《あざな》は公嗣《こうし》。蜀漢《しょくかん》の第二代皇帝。劉備《りゅうび》の死に伴い十七才で皇帝に即位。諸葛孔明《しょかつこうめい》や蔣《しょう》琬《えん》の死後、劉禅が自ら政治をみるようになると大赦《たいしゃ》を濫発するなど政治は徐々に緩み、宮中は奢侈《しゃし》に流れた。魏《ぎ》が侵攻してくると一切の抵抗をせずに投降し、蜀漢は滅亡した。

[監修]

野村茂夫（のむら しげお）

1934年、岐阜県生まれ。58年、大阪大学文学部哲学科中国哲学専攻卒業。63年、同大学大学院文学研究科博士課程単位修得退学。大阪大学助手、愛知教育大学助教授を経て、愛知教育大学教授に。87年退官、名誉教授に。その後、皇學館大学教授を務め、2006年退職。名誉教授に。現在はNHK文化センター講師などを務める。著書に『老子・荘子』（角川ソフィア文庫）、『荘子』（講談社）、『中国思想文選』（共編・学術図書出版社）など。監修書に『論語エッセイ』『ビジネスに役立つ論語』『くり返し読みたい論語』『ビジネスに役立つ菜根譚』『人生を勝ち抜く 孫子の兵法』『シンプルに生きる 老子』（いずれもリベラル社）など。

[文]

菅原こころ（すがわら こころ）

取材ライター。1976年生まれ、同志社大学文学部卒業。広告代理店の制作ディレクターを経てフリーランスに。薬師寺・加藤朝胤師監修の『今あるものに気づきなさい』『般ニャ心経』『ワン若心経』にて取材・執筆を担当。他に『常識なんてにゃんセンス 人生を変えるニーチェの言葉』『ブッダの言葉エッセイ』（いずれもリベラル社）など。

[画]

臼井 治（うすい おさむ）

日本画家、日本美術院 特待。愛知県立芸術大学大学院美術研修科修了。師は片岡球子。愛知県立芸術大学日本画非常勤講師、同大学法隆寺金色堂壁画模写事業参加を経て、現在は朝日カルチャーセンターなどで日本画の講師を務める。また、国内のみならずリトアニア、台湾など海外での個展も開催。近年は、坂東彦三郎丈の「坂東楽善」襲名披露引出物扇子原画制作など多岐にわたり活躍中。

［参考文献］
「三国志」の政治と思想 史実の英雄たち（講談社選書メチエ／渡邉義浩）、三国志―演義から正史、そして史実へ（中公新書／渡邉義浩）、魏志倭人伝の謎を解く 三国志から見る邪馬台国（中公新書／渡邉義浩）、仲達（角川文庫／塚本青史）、曹操 魏の曹一族〈上巻・下巻〉（中公文庫／陳舜臣）、諸葛孔明〈上巻・下巻〉（中公文庫／陳舜臣）、三国志ハンドブック『三国志』のすべてがわかる小事典（三省堂／陳舜臣）、三国志の言葉（PHP研究所／丹羽隼兵）、三国志―英雄たちの言葉（ワニブックス／瀬戸龍哉）、三国志名言集（岩波書店／井波律子）ほか

監修　野村茂夫
文　菅原こころ
画　臼井 治
装丁デザイン　宮下ヨシヲ（サイフォングラフィカ）
本文デザイン　渡辺 靖子（リベラル社）
編集　伊藤光恵（リベラル社）
営業　津田滋春（リベラル社）

編集部　堀友香・山田吉之・山中裕加
営業部　津村卓・廣田修・青木ちはる・榎正樹・澤順二・大野勝司

心が燃える 三国志の言葉

2019年8月29日　初版

編　集　リベラル社
発行者　隅田 直樹
発行所　株式会社 リベラル社
〒460-0008
名古屋市中区栄3-7-9 新鏡栄ビル8F
TEL 052-261-9101　FAX 052-261-9134
http://liberalsya.com
発　売　株式会社 星雲社
〒112-0005
東京都文京区水道1-3-30
TEL 03-3868-3275

ISBN978-4-434-26460-3